AF468115

LE DÉPOT

DE LA

Préfecture de Police

Compte-rendu de la visite du 11 Janvier 1892

PAR

PAUL MEUNIER

Etudiant à la Faculté de Droit de Paris

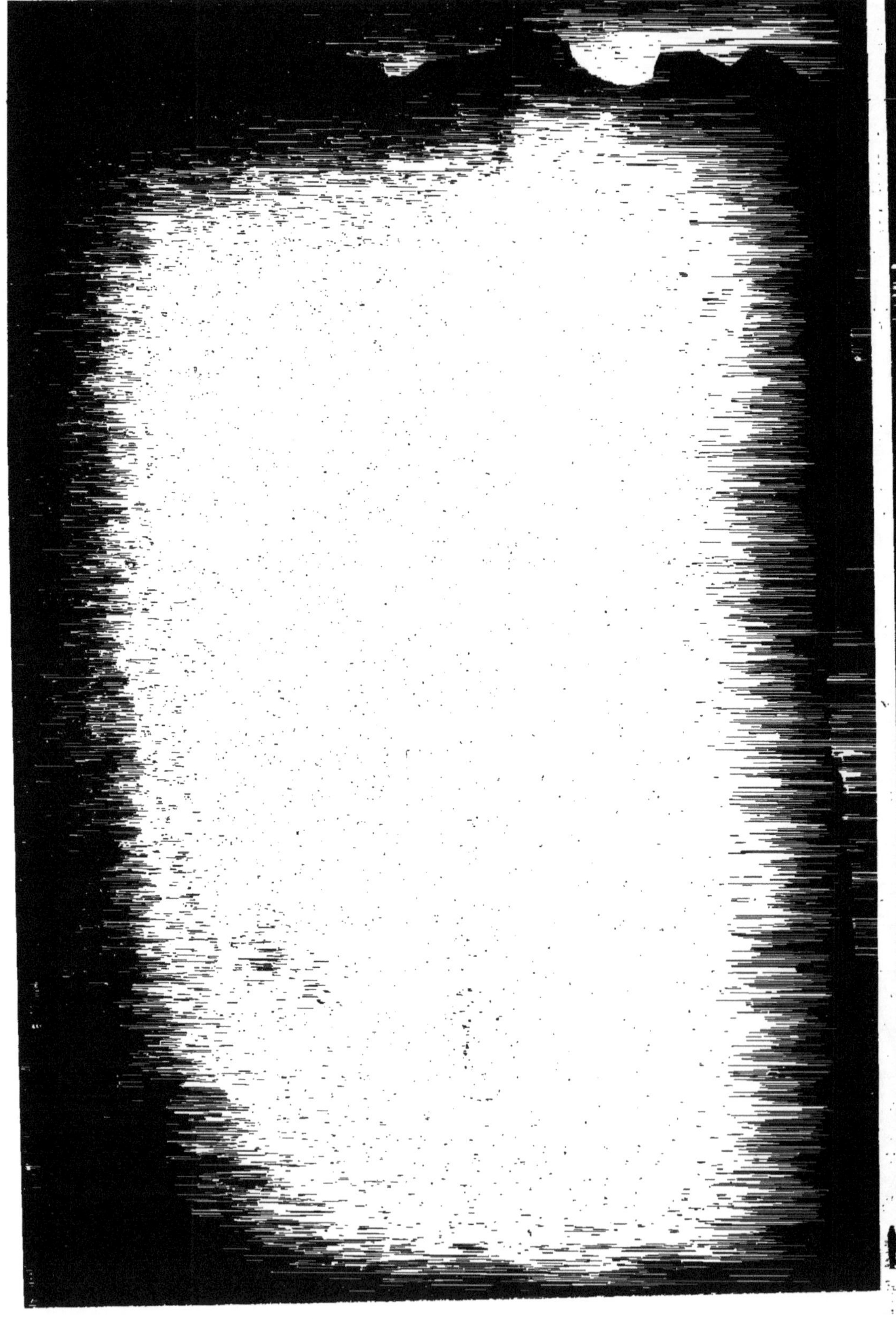

AVANT-PROPOS

M. Henri Joly, doyen honoraire de Faculté, chargé d'un Cours de Science Pénitentiaire à la Faculté de Droit de Paris, a eu l'excellente pensée de compléter l'enseignement officiel et théorique qu'il donne à l'École, par des exercices essentiellement pratiques, c'est-à-dire, par d'instructives visites dans un certain nombre de prisons de Paris et du département de la Seine. Il a réussi à constituer, parmi ses élèves, une sorte de « clinique pénitentiaire », comprenant seulement douze Etudiants de seconde année, pour lesquels il a demandé une autorisation spéciale du Ministère de l'Intérieur. M. Lagarde, directeur des Services pénitentiaires, s'est empressé de faire parvenir cette autorisation à chacun des Etudiants, et la première visite a pu avoir lieu le lundi 11 janvier 1892.

C'est cette visite que nous voulons essayer de raconter.

LE DÉPOT

Lorsqu'on entreprend un voyage à travers le monde criminel, il est logique de prendre la même route que le malfaiteur, en le suivant pas à pas, de la première étape jusqu'à la dernière, depuis le Dépôt de la Préfecture jusqu'à la Grande Roquette. Mais la première étape est toujours la plus importante, car c'est d'elle que dépend tout le reste. Elle est la clef du système. Notre première visite devait donc être pour le Dépôt.

Selon le désir de l'administration, six étudiants seulement avaient été convoqués; car il a paru préférable de former deux séries de visiteurs, qui seraient reçues à huit jours d'intervalle.

M. Henri Joly avait fixé comme lieu de rendez-vous la cour de la Sainte-Chapelle A deux heures et demie tout le monde était là, et nous entrions au Dépôt.

Quand la lourde porte de fer s'est refermée sur nous, nous nous trouvons dans un grand vestibule, très sombre, dont les murs nus sont flanqués de massives colonnes de pierre. On se croirait dans la sacristie de quelque antique cathédrale, et on se sent pris, malgré soi, d'une sorte de respect religieux. Au fond de la salle, le guichet vitré des surveillants me fait penser à la stalle plus confortable et plus engageante des contrôleurs de la Comédie-Française ; l'analogie parait cruelle, mais elle ne manque peut-être pas d'exactitude, quand on se rappelle la mauvaise humeur quasi-proverbiale de cet excellent M. Cagnin que tout Paris a connu. Mais n'insistons pas sur une remarque plaisante qui pourrait être deplacée dans un pareil lieu.

Nous sommes reçus d'abord par le Directeur, M. Meugé, qui nous fait à tous le plus aimable accueil. Il nous installe dans son cabinet et nous prie de vouloir bien lui accorder quelques minutes pour expédier deux ou trois affaires de peu d'importance ; après quoi, il sera entièrement à nous.

Alors, en notre présence, passent successivement dans le cabinet directorial, plusieurs détenus qui se sont fait inscrire pour une réclamation : la plupart demandent des chaussures, d'autres voudraient être transférés à Poissy ou à Nanterre. Le Directeur profite de la circonstance pour nous faire remarquer la complication de son service. On ne lui amène pas seulement tous les individus arrêtés à Paris, sous quelque inculpation que ce soit (et il y en a eu 77.428 l'année dernière, — 300 par jour en moyenne), on lui amène encore tous ceux qui arrivent à Paris par les chemins de fer, tous ceux qui traversent Paris pour être dirigés sur les

Maisons centrales, tous les étrangers qui doivent être reconduits à la frontière, tous ceux qui sont frappés d'extradition, etc., etc.. C'est un va-et-vient perpétuel, jour et nuit ; car, à côté des entrées, il y a les sorties qui sont à peu près aussi nombreuses. C'est un encombrement inouï ! Ce Dépôt est vraiment le grand réceptacle de toutes les impuretés de Paris et d'une partie de la France ; — en un mot bien caractéristique, c'est là surtout qu'on applique, à la lettre.le fameux système du «Tout à l'Egoût», comme je le disais au Directeur.

Pour terminer, nous avons vu comparaître un sourd-muet belge avec lequel M. Meugé a fort aisément conversé par signes.

Après quoi, cette petite séance a été levée, et nous avons commencé notre expédition à travers cette incomparable colonie du mal que le Palais de Justice dissimule sous sa majestueuse architecture. Le Directeur marche en tête de notre colonne ; le gardien-chef, armé de son formidable trousseau de clefs, est à l'arrière-garde.

Au moment où nous traversons le vestibule, nous voyons passer quatre ou cinq femmes accompagnées de sœurs de charité : ce sont des folles que les religieuses viennent de conduire à la visite du médecin et qu'elles ramènent dans leurs cellules. Voilà un des inconvénients de la mauvaise distribution de l'établissement, nous dit le Directeur : il n'y a pas d'autre passage que cette salle qui est publique ; par conséquent, on est exposé à rencontrer ces malheureuses,qui sont quelquefois atteintes de folie furieuse, et qui passent ici tout échevelées, déchirant leurs vêtements, poussant des cris lamentables. Cela fait une impression toujours pénible au visiteur qui n'est encore que sur le seuil.

A ce moment, une voiture cellulaire vient de s'arrêter dans la cour du Dépôt ; la porte s'ouvre, les gardes municipaux font la haie, et quinze individus pénètrent dans le vestibule. Ce sont des repris de justice sans doute, car ils ont l'air de connaître les usages de la maison. Ils se rangent sur une ligne, avec ordre, à droite de la porte d'entrée, (la gauche est réservée aux femmes,et il n'y avait pas de femmes dans cette fournée); ils répondent à l'appel qui est fait par les surveillants, puis vont s'asseoir au fond de la salle, et ôtent aussitôt leurs chaussures qui doivent être inspectées. Ce mouvement s'opère dans le plus grand silence; tous ces gens sont d'une docilité parfaite et semblent accepter de très bonne grâce les formalités inquisitoriales de l'administration.

Le Directeur nous fait assister justement à la plus importante de ces formalités qui précèdent l'entrée définitive dans cette hospitalière maison: je veux parler de la formalité de l'écrou. Chaque prévenu est d'abord fouillé par un homme de service : l'argent, les bijoux, les objets de quelque valeur qu'il peut porter sont mis sous sequestre, et il en est tenu un compte exact sur un registre spécial. Après cette opération, les prévenus vont s'asseoir dans une petite salle d'attente obscure, d'où on les appelle à tour de rôle, pour les inscrire et les « écrouer » *proprio sensu*. Nous traversons ce groupe de gens en haillons et à triste mine, et nous entrons dans le bureau de l'employé préposé à l'écrou ; celui-ci nous explique le travail dont il est chargé, et nous remet à chacun, sur l'ordre du Directeur, une feuille de « Récapitulation de la population générale du Dépôt » de ce jour.

Nous rentrons dans le vestibule, et enfin, prenant la porte de droite, nous pénétrons cette fois dans le quartier des hommes.

LE QUARTIER DES HOMMES

Nous nous trouvons d'abord dans une immense salle dallée, très obscure; à droite et à gauche, une longue rangée de cellules, dont quelques-unes seulement sont occupées ; car on ne met guère en cellule que les indisciplinés et les prisonniers de marque, à qui on accorde volontiers cette faveur, en raison de la notoriété de leur crime. Le Directeur nous fait ouvrir quelques cellules vides. Elles sont assez confortables. Le mobilier en est sommaire : un lit avec un simple matelas, une planche adaptée à la muraille et se rabattant en forme de table, et puis le traditionnel siège de nécessité. La fenêtre est toute petite et verrouillée, la porte est munie d'un judas ; sur les murs, pour tout ornement, une pancarte indiquant le tarif de la cantine.

Ce tarif est peut-être intéressant pour les prisonniers aisés, qui peuvent se procurer des suppléments ; pour les autres, qui sont obligés de se contenter de la nourriture administrative, il n'est vraiment qu'une amère ironie.

Vous allez juger d'ailleurs de l'insuffisance des menus du Dépôt. Il est précisément trois heures : c'est le moment du repas principal. M. Meugé nous fait apporter une gamelle règlementaire : elle est aux trois quarts pleine de haricots et rien que de haricots (on ne donne de la viande que le jeudi et le dimanche). Avec cette portion de haricots, par trop universitaire, les prisonniers ont reçu, dès le matin, un pain de qualité inférieure de 800 grammes environ, puis une ration de bouillon, à 9 heures.

Evidemment, il est impossible qu'un homme puisse vivre longtemps dans de pareilles conditions. On vous répond, il est vrai, que le Dépôt n'est qu'un lieu de passage, une sorte d'auberge rustique, où la loi recueille, avec les criminels, les malheureux pour lesquels elle n'a pas d'autre gîte. Il ne faut donc pas être trop sévère si la table d'hôte n'est pas très confortable. La loi est déjà assez bienfaisante en offrant cet asile provisoire à toutes les misères.

Mais si le régime alimentaire du Dépôt est peu satisfaisant, il faut dire que la manière dont les vivres sont distribués laisse plus à désirer encore. Nous avons assisté à cette distribution ; comme le personnel du Dépôt est très restreint, trop restreint même, la Direction est obligée de recourir, dans la circonstance, aux détenus de bonne volonté dont elle se fait des auxiliaires ; en récompense de leurs services, elle leur donne une double ration. Ainsi, la distribution des vivres est faite par des détenus sous la surveillance de deux gardiens. Tous les prisonniers défilent un à un, et reçoivent une gamelle et une cuiller de bois ; comme toujours, le mouvement s'opère rapidement et en bon ordre. Munis de leur dîner, les prisonniers s'en vont dans les cours, et s'installent, tant bien que mal, pour manger. Il n'y a pas de réfectoire, et c'est là ce que je regrette. Quelque maigre que soit le repas, il serait au moins désirable qu'on pût le prendre à l'aise. Mais je sais bien que mon objection se heurte à des difficultés matérielles ; il ne serait guère possible, en effet, d'aménager un réfectoire dans un local aussi restreint.

La longue procession des détenus est maintenant terminée ; le passage est libre ; nous en profitons pour pénétrer dans une cour étroite, entourée de grands murs — la plus souriante du Dépôt cependant — c'est là que sont parqués les enfants. Ces nouveaux prisonniers — avec lesquels nous allons faire connaissance — n'ont, pour la plupart, qu'une huitaine d'années ; il y en a quelques-uns de quatorze ans ; il y en a aussi qui n'ont pas six ans. On les fait découvrir, à notre arrivée ; M. Henri Joly en interroge plusieurs. Le plus âgé nous raconte qu'il a été arrêté pour vagabondage, il y a deux jours ; il a quitté la maison de commerce où il travaillait et dont il porte encore la casquette de service ; il est sans travail ; son père l'a mis à la porte ; sa mère est morte. C'est un enfant moralement abandonné ; il a l'air d'être tout résigné à son sort.

Un tout petit de sept ans, qui est blotti dans un coin, nous répond, lui aussi, — comme s'il comprenait, — qu'il a été arrêté pour vagabondage. Toujours le vagabondage ! On se demande si des enfants de cet âge ne seraient pas mieux dans un asile plutôt qu'à la prison, où les moins mauvais achèvent de se perdre au contact de ceux qui sont pires. D'ailleurs, cela fait pitié de voir, dans un pareil lieu, ces pauvres petits, tous en haillons, quelques-uns sans chemise, tous avec un air triste, maladif, affaibli, déjà vieux. Il semble qu'au lieu de les préserver et de les guérir, la Société aime mieux les perdre tout-à-fait. Cette cour des enfants au Dépôt, ce n'est pas autre chose qu'une sorte de pépinière de criminels futurs ; on ne peut s'empêcher de penser à cela, quand on y est, et l'on sort de là le cœur navré.

Le Directeur s'est bien aperçu de la fâcheuse impression que nous a laissée cette partie de notre visite ; il s'est empressé de dire que, malgré toute sa bonne volonté, il ne pouvait apporter aucun remède à cette déplorable situation des petits enfants qu'on lui amène chaque jour. Nous le savions parfaitement : ce n'est pas à lui qu'appartiendrait l'initiative d'une réforme.

De la cour des enfants, nous passons dans les autres cours, qui ne sont guère que d'étroits compartiments, disposés avec symétrie, à droite et à gauche d'un couloir. Au-dessus de ces cours, pour faciliter la surveillance, est disposé un promenoir sur lequel nous montons. On aperçoit de là les fenêtres du service anthropométrique de M. le docteur Bertillon ; j'aurai l'occasion de parler incidemment de ce service, dans le cours de ce récit.

Nous rentrons dans l'intérieur de la prison, et le Directeur nous fait visiter successivement l'infirmerie, très exiguë, les cellules réservées aux fous (car on amène aussi les fous au Dépôt avant de les diriger sur les maisons de santé), les cabinets des médecins (ils sont huit ou neuf), et la salle spéciale où sont visités les prisonniers avant leur départ pour Mazas. Cette visite est fort désagréable pour ceux qui y sont soumis, fort humiliante pour la dignité humaine, mais elle est absolument nécessaire. Le directeur nous cite, à ce propos, l'exemple d'une femme, arrêtée pour vol, qui avait essayé de dissimuler une somme de cinq cents francs en billets de banque et en *pièces d'or* dans les profondeurs cachées de son être intime. Mais une investigation minutieuse d'agents expérimentés a amené la découverte du trésor !

Nous arrivons aux salles communes des prisonniers. Voici d'abord une salle réservée aux vieillards. A droite et à gauche, des planches articulées à la muraille se rabattent en forme de lit ; au milieu de la salle, une bouche de chaleur. A côté, c'est la grande salle commune, la fameuse salle du Dépôt — véritable hall du crime — qui peut contenir trois cents personnes. Elle est située exactement sous le grand escalier de la place Dauphine. Il y a, pour le moment, deux cent-cinquante détenus ; mais à cette heure, les hôtes de céans ne sont pas encore rentrés : ils terminent leur repas dans les cours. Nous nous promenons donc un instant dans la salle vide, puis nous montons sur un promenoir qui la domine, et du haut duquel les gardiens jettent le soir aux prisonniers les paillassons qui doivent leur servir de lits. Le lendemain, ces paillassons sont remontés (pour être exposés en plein air) par quelques détenus, au choix : ce qui est toujours une source de discorde, parait-il, car c'est à qui ne fera pas cette corvée. L'administration est souvent obligée de sévir et d'infliger aux récalcitrants quelques jours de cellule — seul moyen de coercition, encore que peu efficace, car les détenus peuvent quitter la prison, à chaque instant, pour des causes diverses, et la punition tombe d'elle-même.

Au moment où nous quittons la grande salle, on y ramène précisément les détenus. Toute la bande défile devant nous. Aussitôt la réintégration des pensionnaires, commence l'appel de ceux qui sont mandés soit au parquet, soit au service anthropométrique, soit à l'administration. Ce sont des gardiens qui font cet appel, à peu près comme ces domestiques de colléges qui vont demander dans les cours les élèves que leurs familles attendent au parloir. Il y a, à côté de la porte de la salle, un bureau spécial, où sont enregistrés tous ces appels. Chaque prévenu est toujours escorté d'un garde municipal, partout où il va. Du reste, on ne livre jamais un prévenu que contre un mandat spécial et écrit de l'autorité qui le requiert ; et on ne rend ce mandat que lorsque l'individu est réintégré au Dépôt. Autrement, il serait impossible de s'y reconnaître au milieu d'une foule de détenus qui entrent et qui sortent à toute heure ; car l'administration connaît à peine le nom de ces personnages, et elle ignore absolument les motifs de leur arrestation.

Après le défilé des détenus de la salle commune, voici le défilé des « habits noirs ». Au Dépôt, on appelle « habits noirs » ceux des prisonniers qui, étant mieux mis et plus propres que les autres, paraissent mériter une mesure de faveur. Ils sont placés dans une salle spéciale ; ils ont une cour spéciale, et n'ont aucun rapport avec les autres détenus. Ce n'est pas à dire que ceux qui sont ainsi l'objet d'une sélection de la part de l'administration soient plus recommandables ou moins coupables que les autres. Pas du tout : il ne s'agit ici que d'une appréciation très arbitraire des gardiens. Ce jour-là, il y avait une quinzaine d'habits noirs ; parmi eux se trouvait un cocher de l' « *Urbaine* » qui avait dû égarer son chapeau dans quelque réunion socialiste. Les autres « habits noirs » étaient en paletot ou en veston. Nous suivons les habits noirs, sur l'invitation du Directeur, et nous pénétrons à notre tour, dans la petite salle du premier étage où ils viennent d'être introduits. Au moment où nous entrons, le gardien de service commande : « Fixe ! » et tout le monde se lève pour nous saluer. Nous passons entre la double haie des prisonniers, comme de véritables officiers qui feraient une revue de leurs troupes, et, après quelques explications du Directeur, nous sortons aussitôt.

De couloir en couloir, nous arrivons à une dernière salle commune, celle qu'on appelle bien improprement, à mon avis, la salle d'étude des enfants.

Selon l'usage, le gardien qui surveille commande : « Fixe ! » et chacun se lève et se découvre. Tous les enfants sont rangés autour d'une longue table et ils doivent s'occuper (savez-vous à quoi ?)... à découper des numéros de carton ! Tous, les petits et les grands ! Ceux de quinze ans et ceux de huit ans ! Nous en interrogeons quelques-uns à nouveau. Ce sont toujours les mêmes réponses, et ce n'est pas sans un pénible étonnement qu'on entend de tout petits enfants vous répondre qu'ils ont été arrêtés pour vagabondage. Ce grand mot de « vagabondage » fait un singulier effet, je vous l'assure, dans leur bouche. Ils le prononcent avec tant d'aisance et de simplicité !

Mais on a beau fouiller du regard leur physionomie chagrine, on n'y trouve rien de méchant, et on se dit que ces grands mots du vocabulaire criminel qu'on leur apprend à dire et qu'ils ne comprennent pas, n'ont pas été faits pour eux ; et, encore une fois, on se demande si une Société qui a la prétention d'être civilisée n'aurait pas mieux à faire que de mettre ces petits êtres-là en prison, comme s'ils étaient un danger pour sa sécurité ou son existence.

Il y a là, — nous l'avons tous vu, — parmi ces enfants, de jeunes esprits qui ne demandent qu'à s'ouvrir, de jeunes cœurs qui ne demandent qu'à aimer ; mais, avec une telle promiscuité et un aussi défectueux procédé d'éducation, les plus belles aptitudes de l'esprit sont arrêtées dans leur essor, et les plus solides qualités du cœur sont vite gâtées et desséchées, comme ces fruits à peine éclos qu'une main brutale cueille et flétrit sans raison. Ah ! c'est qu'on ne saurait trop le dire : lorsqu'un enfant de cet âge le plus tendre s'est vu arrêter par un agent de police, et lorsqu'il s'est vu emmener en prison, ne fût-ce que pour une heure, sa personne morale a, de ce jour, subi le plus grave et le plus odieux des attentats. Comme il ne possède pas encore en lui les ressources nécessaires pour réagir, comme il n'est pas armé pour un pareil assaut, il perd peu à peu le sentiment du bien et du mal avec le sentiment de l'honneur, et il tombe dans cette indifférence morale qui est la négation même de la conscience. La prison, il me semble, doit laisser, dans l'esprit d'un enfant de cet âge, une tache indélébile, une sorte de lèpre morale qui finit par gangrener l'individu tout entier. Une pareille épreuve brise la vie d'un homme, et il faudrait être un héros, dans la suite, pour rester honnête. — Ces réflexions un peu longues me dispenseront, je l'espère, d'insister beaucoup sur ce point dans ma conclusion. — Un peu plus loin, et dans le même couloir, nous trouvons l'infirmerie, tout-à-fait rudimentaire, qui est destinée aux enfants ; au sous-sol, nous visitons la salle de bains avec les appareils à douches qu'on fait jouer devant nous ; l'étuve de désinfection, etc., etc. Nous remontons d'un étage et nous passons devant les cellules des fous. Ce dernier service, qui n'est que l'antichambre de Sainte-Anne, est placé sous la surveillance du docteur Garnier.

Nous continuons notre route à travers les couloirs immenses, à perte de vue, jusqu'au bureau du greffier en chef, où nous faisons une longue station. Le Directeur nous présente ce fonctionnaire qui se met à notre disposition pour nous donner tous les renseignements que nous pouvons désirer sur la comptabilité du Dépôt.

Une assez longue discussion s'engage au sujet des difficultés du travail qui se fait au Greffe ; pendant ce temps, M. Meugé me fait comprendre à moi-même en quelques mots la raison de ces difficultés. Comme chaque individu arrêté ne doit pas conserver d'argent sur lui, l'administration est obligée de tenir un compte vraiment minutieux de tout l'argent déposé. Songez d'ailleurs que le détenu peut sortir d'un moment à l'autre, quelquefois le jour même où il est entré, alors il faut le rembourser ; si, au contraire, il reste quelque temps au Dépôt, il ne manque pas de réclamer souvent une petite somme, un à-compte, pour se procurer quelque supplément de nourriture : de là une nouvelle complication du compte. Et puis ces comptes individuels varient de cinq cents francs à quelques sous. Ainsi, ce jour-là, on avait arrêté un individu porteur de quatre centimes ; il a fallu une fiche spéciale pour lui.

Le Directeur propose, avec assez de raison, de laisser au prisonnier, suivant les cas, une somme modique qui pourrait aller jusqu'à dix francs : cela simplifierait considérablement la besogne. — Nous sommes arrivés maintenant aux derniers confins du quartier des hommes. Voici le couloir qui conduit au Palais-de-Justice et au Parquet. En nous le montrant, M. Meugé nous donne quelques renseignements sur la procédure suivie aussitôt l'arrivée d'un individu au Dépôt. Après les formalités d'écrou, la personne arrêtée est conduite au deuxième bureau qui est chargé de décider si elle doit être déférée au Parquet ou si elle doit être relâchée immédiatement.

Si l'arrestation est maintenue, on envoie le dossier au petit Parquet ; là, c'est un simple substitut qui interroge le prévenu et qui le renvoie au Grand Parquet, si l'infraction est assez grave, ou bien qui le fait remettre en liberté en vertu d'un « sans-suite ».

Au Grand Parquet, c'est le Juge d'instruction lui-même qui est chargé de l'affaire, et qui peut, soit déférer l'inculpé aux Tribunaux, soit rendre en sa faveur une ordonnance de « non-lieu ». — Telle est, si je l'ai bien comprise, la théorie que m'a exposée le très aimable Directeur du Dépôt.

Nous sommes revenus, en ce moment, au vestibule d'entrée. Nous visitons encore la Paneterie ; le gardien-chef coupe, devant nous, un pain réglementaire et le soumet à notre appréciation : pour être sincère, j'avouerai qu'il ne nous a pas paru très appétissant.

Enfin, — il est quatre heures — et prenant la porte de gauche, nous entrons dans le quartier des Femmes.

LE QUARTIER DES FEMMES

Je suis arrivé à la partie la plus délicate et la plus difficile de ma tâche. En conservant toute la réserve que comporte la gravité du sujet, je demande la permission de rester fidèle à la vérité.

En franchissant le seuil de la porte de gauche, qui donne accès dans le quartier des femmes, l'impression que nous ressentons est bien différente de celle que nous a laissée le quartier des Hommes. Ici, on est tout de suite frappé par je ne sais quel air de propreté, de bon ordre, je dirais presque de « comme il faut »; on se croirait volontiers dans le grand parloir d'un couvent ou d'un sévère pensionnat de jeunes filles, Picpus, ou les Oiseaux. Et quand je dis un couvent, je ne me trompe pas beaucoup, car le quartier des Femmes est tenu par des Sœurs ; et l'on y voit beaucoup de Christs et de Vierges sur les murs, beaucoup d'images pieuses partout. Et puis, je m'empresse de le dire dès maintenant, ce quartier des femmes est admirablement organisé, admirablement dirigé ; l'autre quartier ne saurait, en aucune manière, soutenir la comparaison. M. Henri Joly l'a constaté, à haute voix, et nous n'avons pas de peine à croire avec lui que les gardiennes laïques seraient dans l'impossibilité de faire mieux.

C'est la Supérieure qui nous reçoit ; elle porte le voile noir et bleu de l'ordre de Marie-Joseph ; ce beau voile, qui, couvrant à demi le front des religieuses, donne à leur physionomie une si douce expression de calme et de majesté. La Supérieure se joint au Directeur pour nous accompagner. Nous traversons d'abord une immense salle analogue à celle du quartier des hommes, et nous visitons quelques cellules inoccupées, Une des sœurs de service nous ouvre notamment une cellule historique, le numéro 5 : c'est la cellule qu'occupa Gabrielle Bompard. Nous y entrons. A la différence des cellules de l'autre quartier, celles-ci sont cirées et tenues avec une propreté minutieuse. Rien de particulier, d'ailleurs, en fait d'aménagement. On nous montre en outre un certain nombre de cellules calfeutrées pour les détenues qui auraient des pensées de suicide, ou qui seraient sujettes à de furieuses crises de nerfs.

Nous montons au premier étage, et nous visitons la pharmacie : tout cela, on ne saurait trop le répéter, est d'une propreté exquise : les escaliers, les salles, les corridors, tout est ciré ; pas une trace d'humidité aux murs, pas un grain de poussière sur les meubles. L'infirmerie, qui renferme une quinzaine de lits, est également cirée. Comme cela fait contraste avec le quartier d'où nous sortons ! Il n'y a pour l'instant, qu'une seule malade à l'infirmerie, mais la sœur nous explique que dans cinq minutes, il se peut que tous les lits soient occupés. D'un moment à l'autre, on peut amener ici une femme à toute extrémité. L'imprévu, toujours l'imprévu ! C'est le grand caractère du Dépôt.

A côté de l'infirmerie, le quartier des folles ; il y a là de très belles cellules la plupart calfeutrées ; par les judas, nous apercevons les folles, presque toutes en prière ou en extase. Quelques-unes s'avancent jusqu'à la porte pour nous regarder.

Nous redescendons et nous nous dirigeons vers les salles communes. Il n'y a guère ici de femmes en cellule si ce n'est les indisciplinées ; les détenues sont généralement toutes ensemble, quel que soit le motif de leur arrestation.

Cela n'a rien d'étonnant, puisque c'est le système nécessaire, inévitable de la maison ; et puis — nous dit-on toujours — cela ne présente pas de bien graves inconvenients, si l'on ne perd pas de vue que le Dépôt n'est qu'un lieu de passage, où chaque prisonnier ne doit rester qu'un temps fort court. Je le veux bien. Mais cela, c'est la théorie et rien que la théorie.

Parmi les femmes arrêtées, on distingue au Dépôt deux catégories très générales et qui peuvent comporter des variétés infinies dans la culpabilité. D'après la terminologie pénitentiaire, il y a d'une part les Insoumises et d'autre part les Contrevenantes: ces dernières sont de beaucoup les plus nombreuses.

A ces deux catégories correspondent deux salles communes qui sont voisines. Pénétrons dans la première salle, la plus petite, celle des Insoumises.

Il est près de quatre heures et demie, c'est dire qu'il fait presque nuit, en janvier, (surtout avec le peu de lumière qui parvient dans le couloir où nous sommes). Le gaz n'est pas encore allumé. L'effet est saisissant, un peu lugubre. Imaginez une sorte de salle d'attente de troisième classe dans une gare de chemin de fer, sans lumière, le soir. Sur les banquettes, à droite et à gauche, des femmes misérablement vêtues, des vieilles courbées en deux, de plus jeunes avec des enfants sur les bras ; quelques-unes, mieux mises (autant qu'on peut en juger dans l'ombre), qui n'ont pas d'enfants celles-là, et qui causent entre elles à voix basse ; quatre ou cinq à peine qui s'occupent à quelque ouvrage de couture. Toutes ces femmes nous regardent avec des yeux étonnés et se demandent sans doute quels sont ces visiteurs nocturnes que le Directeur accompagne. Dans le fond de la salle, sur une estrade, une sœur est là qui travaille : on la prendrait volontiers pour une bienveillante maîtresse d'école qui vient d'accorder quelques minutes de récréation à ses élèves.

La sœur s'est levée pour nous recevoir, et elle nous donne quelques explications qui, pour ma part, ne m'ont pas suffisamment éclairé sur la condition des détenues placées sous sa surveillance. C'est que l'Administration ne sait peut-être pas bien elle-même ce qu'il faut entendre par « Insoumises ». C'est un terme très large, comme ceux de « mendiant » de « vagabond » qui figurent sur la plupart des procès-verbaux d'arrestation et qui doivent cacher souvent d'autres délits que l'instruction est appelée à faire connaître. Telle, qui est entrée au Dépôt comme insoumise en sort quelques jours après pour être transférée à Saint-Lazare, sous l'inculpation plus précise de vol, d'escroquerie ou de meurtre.

« Les Insoumises, disait Parent-Duchâtelet dans son livre sur la Prostitution de Paris (1836), ce sont des femmes qui refusent de se soumettre à l'inscription, mais qui n'en font pas moins le métier de Prostituées et qui sont arrêtées comme telles. » Cette définition est certainement trop précise ici. Aux yeux du Directeur, ces détenues ne sont pas exclusivement des femmes qui se livrent habituellement à la débauche clandestine; car, en empruntant cette étiquette d'insoumises à la langue de la Police des Mœurs, l'Administration pénitentiaire l'a singulièrement détournée de son sens, et, au fond, je crois qu'elle n'a voulu que créer là une catégorie de prisonnières choisie parmi les moins mauvaises du troupeau, quelque chose en somme comme la catégorie des « habits noirs » du quartier des hommes.

Il semble en effet que ces femmes ne soient pas encore incapables de tout remords. Elles ont dû conserver le sentiment de leur responsabilité; on en juge par je ne sais quel air de vague tristesse qui règne dans cette salle. Et puis, on y fait peu de bruit et on y reste à sa place.

Tout autre est l'aspect de la salle voisine. Ici, il y a de la lumière (on vient d'allumer le gaz) et cela est toujours plus gai. Avant d'entrer, nous entendons le bruit des conversations et des rires. On se croirait volontiers à la porte du joyeux cabaret d'Aristide Bruant ; mais cette plaisante illusion s'en ira vite, quand, au lieu de trouver là l'aimable chansonnier de Montmartre, nous ne verrons (ô ironie !) que les malheureuses dont il a été le poète.

La Sœur supérieure nous ouvre la porte et le bruit cesse tout à coup. Voilà donc la grande salle commune des femmes ; nous pénétrons dans la cohue des filles publiques. Le gardien-chef pousse les verrous derrière nous et nous sommes enfermés avec ces dames. Je vous assure que c'était là un spectacle assez curieux, et tout au moins nouveau que de voir réunis dans la même salle (sans parler du Directeur) six étudiants en droit avec leur professeur, deux sœurs de charité et une soixantaine de courtisanes de profession. Avec cela, figurez-vous un Christ ou une Vierge à la muraille, et vous aurez, je crois, l'un des contrastes les plus piquants qu'on puisse imaginer.

Nous sommes restés là près de dix minutes, écoutant les intéressantes explications des Sœurs et du Directeur. La Sœur surveillante nous a déclaré que nous avions bien choisi notre jour, car c'est le lundi qu'on amène au Dépôt le plus fort contingent de filles publiques. Et comme nous faisons remarquer que parmi les détenues, il y en a un certain nombre qui ne sont pas précisément de jeunes femmes, la Sœur supérieure nous atteste qu'il existe à Paris des courtisanes de 72 ans (je dis soixante-douze) au moins, et qui sont encore munies de la carte spéciale de la Préfecture de Police. Quel entourage pour les religieuses ! N'est-ce pas inouï de voir de pareilles femelles (car ce mot seul convient), qui ont foulé aux pieds toutes les pudeurs et toute la dignité de la femme, au milieu de celles-là mêmes qui ont élevé la chasteté à la hauteur d'un dogme? Je reviens malgré moi à ce contraste qui a frappé d'ailleurs tous ceux qui en ont été les témoins. M. le juge d'instruction Guillot, en particulier, a vu là comme l'une des faces les plus dramatiques de la Société tout entière ; et il a marqué, en termes éloquents, cette violente opposition. « C'est, dit-il, la vertu dans ce qu'elle a de plus sublime, à côté du vice dans ce qu'il a de plus abject ; la femme élevée jusqu'à une héroïque charité par la foi, la femme abaissée par le matérialisme jusqu'à la bestialité. Le monde est là tout entier. » Et il ajoute : « Bien coupables seraient ceux qui, dans cette lutte, prendraient parti pour les vierges folles contre les vierges sages. »

Pour nous, nous ne prendrons parti ni pour les unes ni pour les autres; avec une grande pitié pour la courtisane dont nous déplorons la triste vie, avec un profond respect pour la fille de charité dont nous admirons le dévouement et les vertus, nous leur préférons à toutes deux, la mère de famille, dont la vertu seule mérite la qualité de sublime. C'est dire que « le monde n'est pas là tout entier », car nous ne voyons pas dans ce milieu la femme telle que nous la voulons, cet être aimé qui est l'âme du foyer domestique et le pivot de la famille, cet être presque divin, dont le rôle a été si bien défini par ces deux mots, où l'antiquité latine a résumé sa plus belle pensée : « *Mater Educatrix* ».

Oui, il n'y a rien au-delà de cet idéal ; et quelque apparence de vérité qu'ait l'antithèse qu'on nous présente, nous n'admettrons jamais que, dans cette société, où la courtisane occupe les bas-fonds, ce soit la sœur de charité qui occupe le sommet. Tout en philosophant, nous sommes restés dans la grande salle (la salle des contrevenantes). Le Directeur ajoute certains détails à ceux déjà fournis par la Sœur, et tout en nous demandant pardon d'entrer dans de pareilles explications, il nous raconte de quelle manière les courtisanes de soixante-douze ans exercent leur profession. Ces femmes ont pour « clients » les charretiers qui franchissent les fortifications entre trois et quatre heures du matin : pour une somme qui peut varier entre un franc et quatre sous, elles se livrent à ces derniers ! La Sœur écoute ce récit sans sourciller et donne son approbation.

Sur ma demande, le Directeur nous fournit quelques éclaircissements sur le sens du mot « contrevenantes». La plupart des filles publiques qui sont ici, nous dit-il, ont été arrêtées pour une « contravention » aux réglements de police médicale. Ce seul fait entraîne une peine qui peut varier de cinq jours à trois mois d'emprisonnement ; et cette peine est infligée par la préfecture de police, sans l'intervention des tribunaux.

Je reviendrai sur ce point.

Nous quittons la salle commune et les conversations qui avaient repris leur train peu à peu, en notre présence, recommencent de plus belle quand la porte se referme sur nous. Comme la cloison est vitrée, toutes les pensionnaires sont accourues pour nous regarder partir La plus jolie, qui nous suit du regard à travers les carreaux, se couvre, comme elle peut, avec un fichu rouge, qui doit faire l'office de la chemise en loques. La plupart de ses compagnes sont d'ailleurs tout aussi pauvrement vêtues ; quelques-unes font même pitié à cause du délabrement de leur costume. Et puis, pas un visage qui attire parmi elles ; toutes ces figures semblent coulées dans un même moule fatal : un front fuyant et étroit, des lèvres débordantes, des cheveux courts et durs, une tête presque ronde avec un large prolongement de la nuque. Il parait que ce sont là tous les caractères extérieurs de la débauche.

Mais les derniers éclats de rire viennent de se perdre dans l'immensité des couloirs ; nous sommes rentrés dans le grand vestibule, et nous voici maintenant devant une toute petite salle, à cloison vitrée, où se trouvent enfermées une quinzaine de femmes. Le Directeur fait ouvrir la porte et nous entrons. A ce moment, une des détenues se permet de dire : « Y devraient au moins ôter leurs chapeaux ! » Je crois bien, en effet, que nous avions omis de saluer, car il n'y avait pas là de sœur de service. Mais cette malheureuse avait peut-être raison au fond, car j'admets volontiers que, si bas que soit tombée une femme, elle a toujours droit au salut d'un homme.

Seulement, la réflexion à voix haute était inopportune et le directeur a cru devoir infliger à celle qui l'avait faite la peine de la cellule, pour insulte à des visiteurs. La pauvre femme a été emmenée immédiatement. Nous avons regretté depuis de ne pas avoir demandé sa grâce, car comme toutes ses compagnes de cette salle, elle revenait de Saint-Lazare, et elle devait être mise en liberté le soir même. J'ajoute en passant : pourquoi ramener au Dépôt les libérées de Saint-Lazare ? Encore une bizarrerie de l'administration ! Encore une complication dont le Dépôt n'avait pas besoin, et surtout un voyage inutile auquel ces femmes ne devraient pas être astreintes !

Nous sommes restés quelques instants dans cette petite salle où se trouvaient d'ailleurs quelques jeunes femmes assez élégamment mises. Une surtout se tenait à l'écart et affectait de nous tourner le dos, par un reste de pudeur que nous avons tenu à respecter.

Une autre femme, en haillons celle-là, se tenait près de la porte ; elle avait sur les bras un enfant de quelques mois, qui tendait ses petites mains vers nous en souriant !

Enfin, au moment où nous sortions, on amenait justement une femme entièrement ivre, une fille publique d'une quarantaine d'années, à la figure enluminée, aux cheveux ébouriffés ; elle se soutenait à peine, mais elle avait encore assez de force pour insulter, avec des mots obscènes, un ennemi imaginaire, « un journaliste qui lui en voulait ».

Une des sœurs a pris courageusement cette forcenée par le bras, et a essayé de la calmer avec de douces paroles. Ce fut en vain. Nous étions déjà très éloignés que nous entendions encore les cris rauques de la malheureuse, lesquels se répercutaient dans les couloirs : « Oui, je suis saoule, oui, je suis saoule ».

LA SOURICIÈRE

Maintenant, nous dit M. Meugé, il ne nous reste plus à visiter que la Souricière, qui communique avec le Dépôt par une galerie souterraine.

La Souricière, qu'on appelle aussi « les Trente-six carreaux » est située sous les chambres correctionnellss, rue de la Sainte-Chapelle. C'est un dépôt spécial, où l'on doit amener les prévenus en attendant leur comparution devant le juge d'instruction ou à la police correctionnelle. C'est en théorie du moins, une simple salle d'attente, composée de compartiments ou de petites cellules, dans lesquels le prévenu ne doit passer qu'un temps fort court. Mais, en pratique, on entasse souvent jusqu'à quinze prévenus dans une cellule qui peut à peine en contenir quatre, et on laisse ainsi ces misérables, quelquefois une journée entière, dans l'horrible promiscuité de ce cabanon, sans air, sans lumière...

Et le soir, on les ramène à Mazas, à demi étouffés, exténués de fatigue et de faim, devant subir encore ce supplice le lendemain si le Juge n'a pas trouvé le temps de les appeler, pendant qu'il les avait ainsi à sa disposition.

C'est au Parquet qu'il appartiendrait de faire cesser ce traitement peu humain qui est tout-à-fait d'un autre âge. Il lui suffirait de ne faire appeler à la Souricière que ceux dont la présence est strictement nécessaire et de veiller ensuite à ce que ces prévenus soient traités avec un peu plus d'humanité.

De son côté, l'Administration du Dépôt utiliserait volontiers, pendant la nuit, les cellules nouvelles qu'on a aménagées dans ce quartier spécial. Elle y installerait de préférence les enfants qui sont fort mal logés au Dépôt. On pourrait ainsi leur donner à chacun une cellule comme à la Petite-Roquette. On a beau en effet laisser les portes des cellules ouvertes et donner à un gardien la consigne de circuler toute la nuit dans le couloir, il y a toujours un moment où la surveillance est en défaut, et quand trois ou quatre enfants sont ensemble dans la même chambre, il est à craindre que le plus pernicieux n'excite les autres à profiter de cet instant-là. Mais l'insuffisance du personnel ne permet pas à l'administration d'opérer ce petit progrès.

Une partie très restreinte de la Souricière est placée sous la surveillance des Sœurs et par conséquent réservée aux femmes détenues. Cinq ou six cellules étaient occupées, et le Directeur les a fait ouvrir successivement devant nous.

Dans la première, il y a une jeune femme d'une trentaine d'années qui a dû être fort jolie ; à côté d'elle, deux petits enfants, l'un de trois ans, l'autre de quatre ans. La pauvre mère nous raconte ingénument qu'elle a commis une faute étant jeune fille, qu'elle a dû épouser son séducteur pour régulariser la situation et légitimer l'aîné de ses enfants. Elle a apporté, dit-elle, six mille francs à son mari, un ouvrier de mauvaise conduite, qui, après avoir tout mangé, l'a battue, et enfin l'a abandonnée sans ressources, alors qu'elle était enceinte de son second enfant. Aujourd'hui, elle a deux enfants à nourrir, et se trouvant sans travail, elle est obligée de mendier. Un matin qu'elle avait recueilli quatorze sous, on l'a arrêtée et conduite au Dépôt, où elle subit vingt-quatre heures de cellule avec ses deux enfants ! On éprouve une pénible impression en voyant cette pauvre femme et ces deux petits malheureux dans une cellule obscure de quatre pieds carrés. Voilà deux gentils petits êtres, innocents, eux surtout, pour lesquels la vie s'annonce sous de fâcheux auspices.

Dans la cellule voisine, c'est une concierge qui nous raconte, avec force révérences, et d'un air gracieux, qu'elle a été arrêtée pour abus de confiance, qu'elle est d'ailleurs fort bien traitée au Dépôt.

A côté, deux vieilles mendiantes, qui prennent M. Henri Joly pour le Procureur, et le supplient de les faire envoyer à Saint-Lazare où elles connaissent sœur Thérèse, sœur Florence, etc., qui sont si bonnes, si complaisantes !... Plus loin, une femme assez élégamment mise, arrêtée au Louvre, un jour d'Exposition Générale, tandis qu'elle dérobait « quelques bibelots ». Cette voleuse à l'étalage attend patiemment la correctionnelle.

Enfin, dans une dernière cellule, une vieille mendiante de soixante-dix ans, qui m'appelle moi-même « M. le Président, » et qui se plaint amèrement d'avoir été arrêtée : « Je me suis levée à quatre heures du matin, M. le Président, et à cinq heures j'étais déjà au poste : je n'avais pas encore touché un sou. C'est vrai, je mendie, mais je ne peux plus « travailler » ; je suis infirme aujourd'hui ; je suis bien forcée de mendier. Ah ! je suis bien malheureuse ! M. le Directeur le sait bien ; il me connaît bien, M. le Directeur ; n'est-ce pas, M. le Directeur ? »

— Mais oui, mais oui, ma brave femme.

— « Ah ! les Sœurs ont bien des égards pour moi, ça je peux le dire, etc., etc. Mes bons Messieurs, donnez-moi donc deux sous pour acheter du tabac ! »

Le gardien-chef me dit qu'il connaît cette femme depuis plus de vingt ans. C'est une ancienne fille publique qui vient ici, chaque année, très régulièrement.

Nous quittons la Souricière, nous reprenons notre promenade à travers les couloirs, et enfin nous rentrons au grand vestibule d'entrée. On procède en ce moment à la mise en liberté d'un groupe de détenus.

Nous avions vu, au début de cette visite, comment on entre au Dépôt; nous allons voir maintenant comment on en sort. Le cérémonial est d'ailleurs absolument le même. Il y a un simple appel au guichet des surveillants, et immédiatement on donne congé aux pensionnaires qui sortent par la porte du quai. Je dis « congé » à dessein, car beaucoup de ces messieurs ne profitent pas longtemps des loisirs qu'on leur offre. Que faire, après tout, de la liberté, quand on n'a ni pain, ni gîte, et qu'on est jeté tout d'un coup sur le pavé de Paris, à six heures du soir, en plein hiver ? A moins de commettre un mauvais coup, le plus sûr et le plus honnête est encore de rentrer dans cette hospitalière maison. Et c'est ce que feront en effet, nous dit M. Meugé, la plupart de ceux qui sortent en ce moment ; dans une heure peut-être la moitié sera déjà ici.

Quant à nous, nous demandons à notre tour au Directeur la permission de profiter de cette liberté qu'il accorde à ses pensionnaires, en conservant aussi l'espoir de lui revenir quelque autre jour, pour une nouvelle visite, qui ne manquera pas d'être toujours intéressante.

Nous adressons, comme vous le pensez, nos remercîments à M. Meugé, et à cinq heures, nous nous séparons au guichet du quai de l'Horloge.

CONCLUSION

La visite du Dépôt était terminée.

Je ne voudrais pourtant pas clore ces quelques notes qui ne sont guère que des pages détachées, si je puis dire ainsi, d'une sorte de carnet de voyage, (pour conserver ma métaphore du début), sans rapporter tout au moins une réflexion dont M. Henri Joly nous a fait part à l'Ecole de Droit dans la leçon qui a suivi cette première visite aux Prisons.

C'est une remarque qui nous a été commune à tous, qu'au Dépôt, les hommes détenus font preuve d'une docilité et d'une politesse étonnantes, tandis qu'au contraire,on constate plutôt chez les femmes une certaine liberté d'allures, parfois même une tendance à la rébellion. Les gardiens sont unanimes à dire que de la part des hommes, ils n'ont jamais d'insolences à relever, jamais de mutineries à réprimer. Et il est de fait que partout nous avons été salués par les détenus, avec un respect quasi obséquieux et tout-à-fait surprenant chez de pareils individus. Au contraire, chez les femmes, il faut quelquefois user de rigueur : témoin cette libérée de Saint-Lazare que le Directeur a si vertement morigénée.

Pourquoi donc cette servilité chez les uns et cette semi-indépendance chez les autres ? M. Henri Joly en donne une explication qui me paraît fort judicieuse. « C'est, dit-il, que l'homme et la femme entrent dans la voie du crime par deux portes différentes : l'homme, par la perte du courage, la femme, par la perte de la pudeur ». Lorsque l'homme est tombé, dégradé, avili, il n'est pas étonnant, en effet, qu'il descende jusqu'à la servilité la plus abjecte, la plus humiliante ; ce qui constitue le grand ressort de son être moral est brisé en lui ; vous ne trouvez plus alors qu'un individu sans volonté, sans caractère, qui « se laisse aller », pour ainsi dire, où il plaît à son gardien de le mener, et qui, dans sa docilité même, n'inspire ni commisération ni respect.

La femme, de son côté, aussitôt qu'elle a franchi les limites de la vie honnête, passe rapidement de l'impudicité au cynisme et à l'insolence. Elle n'a plus le sentiment du bien et du mal ; il ne lui reste guère qu'un vague souvenir de ce respect de la faiblesse, qu'on a coutume d'invoquer en faveur de toute femme, quelle qu'elle soit, sentiment qu'elle ne se fait pas faute d'exploiter au besoin contre tous ceux qui seraient tentés de la malmener. Mais quant à la pudeur, quant à ce sentiment de légitime honte causé par l'appréhension de tout ce qui peut blesser la décence, ce sentiment presque indéfinissable, qui est un mélange délicieux de simplicité, de modestie et de douceur, en sorte que la femme « qui en est pleine, comme dit l'Ecclésiaste, est une grâce qui passe toute grâce.» Ce sentiment-là,apanage exclusif de la femme honnête, est anéanti chez l'autre, pour jamais.

Nous l'avons bien vu, hélas ! en rendant visite à toutes ces filles, ces professionnelles, qui encombrent le Dépôt.

Ainsi, de part et d'autre, pour l'homme comme pour la femme, lorsque le frein est brisé, il n'y a plus de bornes à la dégradation ; — ou si vous voulez une autre image — la maladie morale dont l'homme et la femme criminels sont atteints, est bien la même au fond ; elle les conduit à une même fin affreuse ; mais comme la cause du mal est différente dans les deux cas, les symptômes ne sauraient se ressembler.

Chez l'homme, l'immoralité qui a eu pour origine la diminution de courage, se caractérise dans la chûte par le vice opposé : la servilité de plus en plus basse.

Chez la femme, l'immoralité qui a eu pour origine la diminution de la pudeur, se caractérise dans la chûte par le vice opposé : le cynisme de plus en plus révoltant.

Cette réflexion que nous a suggérée M. Henri Jolly n'est pas de nature évidemment à exciter la pitié en faveur des détenus, et elle n'engage guère à rechercher quelles améliorations on pourrait apporter à leur sort. Mais si l'on se donne la peine de regarder un peu au fond des choses,et si l'on ne se contente pas de juger ces misérables tels qu'ils sont, mais bien tels qu'ils auraient pu être sans l'impitoyable fatalité de la destinée, on est bientôt pris de commisération pour eux, et, en considérant la lourde responsabilité encourue par la Société, dans la répression qu'elle exerce, on ne tarde pas à se demander si cette Société se montre réellement à la hauteur de sa tâche.

Aussi, sans vouloir prolonger ce très modeste travail au-delà des limites qu'il comporte, je demande la permission d'examiner sommairement ici les critiques que peut soulever le régime pénitentiaire du Dépôt.

Et pour donner tout de suite notre opinion générale sur cet établissement, nous ne pouvons nous empêcher de déplorer l'encombrement inouï que nous avons constaté déjà, et cette promiscuité qui en est la conséquence nécessaire. Nous n'admettons pas qu'on envoie dans le même endroit les aliénés, les égarés, les assistés et les criminels ! Quand une Société recueille, dans une pensée probablement charitable, des gens malades ou malheureux, il est inadmissible qu'elle les envoie immédiatement dans une prison. Ne peut-on pas trouver dans une ville comme Paris, des établissements spéciaux pour recevoir les aliénés ou les passagers égarés, ou les gens sans ressources ?

C'est là une réforme qui s'impose, au double point de vue de la simplification administrative et des convenances sociales.

Mais s'il y a urgence de séparer les gens qu'on recueille et qu'on veut protéger des gens qu'on arrête et qu'on veut punir, il n'est pas moins nécessaire, en ce qui concerne ces derniers, les malfaiteurs (que nous voudrions voir seuls au Dépôt), d'établir entre eux des sélections et d'obvier par tous les moyens possibles à une promiscuité désastreuse. La séparation arbitraire des « habits noirs » et des autres ne suffit pas. Il est tout-à-fait illusoire de mettre à part douze ou quinze individus choisis au hasard et pour la forme. Le grand mal, le vice fondamental (qui est au fond toute l'institution du Dépôt), c'est la Salle Commune, cette salle commune que M. Yves Guyot appelait si bien la Bourse du Crime. C'est là que les chefs de bande viennent recruter leurs hommes et combiner leurs coups. C'est une Chambre consultative et délibérante, pour tous les gredins ; car, ainsi que le disait un criminel, un homme du métier par conséquent : ce n'est qu'en prison qu'on médite les crimes bien faits. Tel qui est entré dans cette salle sous l'inculpation la plus légère, pouvant entraîner à peine deux jours de prison, en sort faussaire ou assassin. Je conclurais volontiers de tout ceci que le régime cellulaire serait encore le meilleur en matière de prévention : on éviterait ainsi les contacts pernicieux et la mesure ne serait pas très dure, puisque, par définition, le séjour au Dépôt doit être fort court. Mais, me direz-vous, il faudrait démolir la maison pour réaliser cette réforme ? Je ne reculerais pas devant cette extrémité. Le département de la Seine a bien édifié, à Nanterre, un palais pour les Mendiants ! Pourquoi ne construirait-on pas à Paris, une maison confortable pour les Prévenus?

J'ai parlé incidemment des critiques que pouvait soulever l'organisation intérieure du Dépôt, je n'y reviens pas. Mais je me permettrai de dire un mot seulement du service anthropométrique de M. le docteur Bertillon dont j'ai parlé plus haut. Loin de moi la pensée de blâmer l'anthropométrie, qui est une véritable science dont j'admire les merveilleux résultats. Je voudrais au contraire qu'elle fût répandue dans toutes les maisons d'arrêt de France ; mais en même temps, je ne puis m'empêcher de blâmer l'abus (si je puis dire ainsi) qu'on en fait actuellement au Dépôt. Je n'admets pas qu'on envoie au service de l'anthropométrie tous les individus arrêtés, sans distinction. On sait en effet combien est humiliant pour un homme le minutieux examen physique que ce système exige; comme disait un député arrêté, qui refusait de s'y soumettre : « C'est là une peine dont aucun texte de loi n'autorise l'application à des prévenus ». Je demande donc que cette peine ne soit exécutée que sur un ordre exprès du magistrat instructeur. Lui seul me paraît compétent pour juger si cette formalité est nécessaire. De cette façon, on ne surchargera pas inutilement le travail de M. Alphonse Bertillon, et l'on respectera, comme il convient, la dignité humaine.

Mais je laisse de côté toutes ces réformes secondaires, car j'ai hâte d'arriver aux abus criants, c'est-à-dire à la situation des Enfants et à la situation des Femmes, qui sont vraiment intolérables.

Les Enfants — je le dis tout de suite — ne devraient pas paraître au Dépôt. Il devrait y avoir pour eux un établissement spécial : c'est là un vœu depuis longtemps exprimé par le Conseil Général de la Seine et par la Société Générale des Prisons (1890). Après tant d'autres, je proteste donc avec énergie contre la promiscuité à laquelle on soumet ceux qui sont le plus dignes de respect et de pitié ; et je dis qu'une réforme pénitentiaire devrait porter tout d'abord sur la situation des enfants, parce que lorsqu'il y a danger, il faut toujours courir au plus pressé; il faut d'abord chercher à sauver ceux qui sont encore capables d'être sauvés. Or, en admettant qu'un vagabond de vingt-cinq ans ou une courtisane de dix-huit ans soient définitivement perdus, en admettant (ce que je n'admets pas pour ma part), que ce soit duperie, naïveté, folie, si vous le voulez, de chercher à régénérer de pareils individus dont la dépravation a atteint sa dernière limite, personne ne me fera croire du moins qu'un enfant de six ans ou même de dix ne soit plus susceptible de relèvement moral, s'il est vrai que ces chétives créatures soient déchues, ce qui presque toujours est absolument faux.

La Société a donc le devoir impérieux de sauver ces malheureuses victimes de la misère. Mais ce n'est pas en les livrant à des gardiens de prison qu'elle en fera d'honnêtes gens. Si vous voulez absolument les envoyer en prison, confiez-les donc du moins aux sœurs de charité, ces mères en réserve des enfants orphelins ! J'ai déjà dit avec quel tact merveilleux elles s'acquittaient de leur tâche dans le quartier des femmes ; nul doute que le mal serait à peu près conjuré si elles avaient la surveillance des enfants. Certes, je suis un partisan résolu de la neutralité dans l'école ; mais il ne s'agit pas ici d'opter entre une institutrice laïque et une religieuse ; il s'agit de choisir entre une religieuse et un gardien de prison. Nous ne demandons pas une école, nous ne demandons qu'un refuge qui soit hospitalier. Nous réclamons des soins, de bons exemples, de douces paroles pour remplacer la mère qui est absente, qui est morte peut-être, ou qui, si elle est vivante et présente, oublie, hélas ! ses premiers devoirs. Donc, qu'on donne des religieuses aux enfants, si on les envoie encore longtemps dans cet enfer du Dépôt.

Par pitié pour ces pauvres petits !

Je n'insiste pas davantage sur cette question si émouvante, et j'arrive à ma dernière critique, celle qui porte sur la situation des Femmes.

Je pourrais encore déplorer ici, comme j'ai déjà eu tant de fois l'occasion de le faire, ce regrettable système qui consiste à parquer dans une même salle des individus arrêtés sous les motifs les plus divers. Vous savez en effet que les femmes sont soumises, comme les hommes, au régime traditionnel de la détention en commun. Je ne veux donc pas m'exposer à des redites. Il est vrai que l'administration — à la fois pour simplifier sa besogne et pour justifier son principe — prétend que toutes les femmes arrêtées sont des prostituées. Sauf quelques exceptions, vous dit-on, il est difficile d'imaginer, à Paris du moins, une femme qui serait entrée dans la voie du mal par une autre porte que celle de la débauche. Aussi, comme l'administration ignore ordinairement les infractions de droit commun qu'ont pu commettre ses pensionnaires, elle considère volontiers ces femmes comme des courtisanes et elle les soumet toutes au même régime. Voilà donc un premier abus qui est très grave. J'estime qu'on devrait distinguer soigneusement les courtisanes des autres femmes ; et je prétends que ces dernières, qui ont été arrêtées sous une inculpation prévue par la loi, devraient être traitées avec tout le respect qui est dû à des prévenues.

Ce n'est pas à dire que j'approuve l'attitude de l'administration à l'égard des courtisanes : bien loin de là. D'abord, il est difficile de savoir exactement quelle est la répression qu'on exerce sur ces femmes : l'administration a l'air d'en faire un mystère, comme d'une chose odieusement injuste dont on a honte de parler. Toutes ces femmes qui forment une grande partie de la population du Dépôt ont été arrêtées pour une contravention à la Police des mœurs. Or, on sait qu'avec l'arsenal des réglements de police, une femme de cette sorte est toujours en défaut ; elle est sans cesse menacée d'aller faire un séjour au Dépôt, au gré des caprices et des exigences de la police. Mais je passe sur l'illégalité de l'arrestation ; je m'occupe de cette femme écrouée au Dépôt, et je demande ce qu'on va faire d'elle. Le Directeur me répond que la Préfecture de Police peut lui infliger de cinq jours à trois mois de prison ; et cette peine est subie soit au Dépôt (comme nous l'avons vu), soit à Saint-Lazare.

Voilà donc un simple chef de bureau (qui sait ? un employé plus humble encore) qui tient la place du juge et de la loi, et qui, suivant sa fantaisie ou ses passions, décide souverainement de la liberté des autres. C'est le rétablissement pur et simple de la lettre de cachet !

Ces réglements de police, en admettant qu'ils fussent légalement pris (et ils ne le sont pas) ne devraient avoir pour sanction que l'article 471, § 15 du Code Pénal, c'est-à-dire une faible amende, ou un emprisonnement de trois jours au plus, en cas de récidive ; et l'une et l'autre de ces peines ne devraient être prononcées en tous cas que par l'autorité judiciaire.

Mais l'Administration n'est pas si formaliste : elle pense d'ailleurs qu'il est plus convenable que le législateur et le juge ne connaissent pas de ces turpitudes, et elle édicte une peine inique qu'elle applique elle-même.

Pour toutes les courtisanes, c'est donc la mise hors du droit commun et de la justice. Garottées dans leur infamie, elles sont à la discrétion de la police qui peut leur imposer à plaisir, sans contrôle, sans publicité, sans responsabilité, cet abominable séjour au Dépôt ou à Saint-Lazare.

Cela dispose singulièrement à la pitié à l'égard de ces pauvresses qui sont condamnées à satisfaire aux furieux appétits de luxure de Paris. La magistrature est d'ailleurs unanime à s'élever contre cet abus révoltant, et M. le juge d'instruction Guillot s'est fait plus d'une fois son interprète éloquent. La salle des filles publiques au Dépôt lui a inspiré, en particulier, cette belle phrase, que je veux transcrire : « Que viennent faire, dit M. Guillot, dans le domaine de la Justice, ces êtres qui échappent à l'action tutélaire et répressive de la Justice, et sont, par une formidable exception au droit commun, livrées sans défense, sans contrôle, sans aucune des garanties prévues par nos codes, au pouvoir discrétionnaire, consciencieusement exercé, à coup sûr, d'un chef de bureau ? »

Le Remède ? M. Guillot me semble le trouver dans la création d'un Dépôt spécial pour les courtisanes. Que l'Administration ait le courage du métier qu'elle fait ! Qu'elle n'aille pas, par une sanglante ironie, enfermer dans le Palais-de-Justice des gens qu'elle dérobe à la Justice ! Avec cette modeste réforme, M. Guillot se résignerait, je crois, à accepter le régime actuel.

Mon remède serait moins coûteux, mais plus radical. Je ne demande pas le transfert du service dans un édifice isolé, je demande simplement la suppression du service.

Ah ! qu'il me soit permis de le dire en passant (puisque cette question de la Prostitution se pose ici et que je ne puis m'y soustraire) cette réglementation odieuse et brutale est-elle bien nécessaire, est-elle bien morale ? Après tout, s'il n'y avait pas d'hommes pour fréquenter les filles publiques, la prostitution tomberait d'elle-même.

Or, n'est-ce pas encourager la prostitution que d'assurer à l'homme qui s'y livre, l'impunité, la sécurité matérielle ? C'est bien le moins que ceux qui recherchent de pareilles jouissances s'exposent à toutes les conséquences physiques et morales qu'elles peuvent entraîner. De quel droit et pour quelle raison la Société va-t-elle protéger ces individus? Au moins, pour être logique, il faudrait assimiler l'homme débauché à la courtisane, il faudrait soumettre aux mêmes visites sanitaires, aux mêmes pénalités administratives, les vagabonds qui fréquentent habituellement les femmes de mauvaise vie, et qui propagent comme elles, autant qu'elles et avec elles, les maladies honteuses et les vices dégradants. On l'avait proposé autrefois, et ce n'était là en somme qu'une conséquence rigoureuse du principe. Puisque la Société veut à toutes forces porter sa sollicitude de ce côté, elle ne devrait pas s'acharner seulement contre une partie des êtres malfaisants qu'elle redoute, elle devrait prendre des mesures de protection contre tous les suspects, hommes et femmes.

Mais notre Société est fertile en contradictions. M. Jean Richepin le faisait remarquer avec infiniment d'esprit devant la commission de la censure, à la Chambre des Députés. Je ne comprends pas, disait-il en substance, qu'on interdise aux citoyens d'entendre des gravelures dans les théâtres et dans les concerts, et que d'autre part on les encourage indirectement à aller dans les maisons publiques.

J'ajoute que cette Société ne devrait pas non plus se montrer ni si hautaine ni si sévère à l'égard de ces malheureuses victimes qu'elle immole à ses ignobles instincts.

Voilà donc l'impression de profonde pitié que nous laissera le souvenir de cette salle des filles publiques au Dépôt. C'est là, dans cette salle, pendant que les sœurs de Marie-Joseph nous parlaient, que nous avons bien compris que ces prétendues ribaudes auxquelles le monde jette si légèrement l'anathème, n'étaient que de véritables esclaves, dociles et résignées. Il fallait les voir souffrir pour avoir pitié d'elles, et nous les avons vues souffrir : et nous sommes sortis de là avec une idée plus saine de la charité et de la justice : de la charité, parce que la vie terrible de ces femmes ne pouvait nous laisser insensibles ; de la justice, parce que nous étions décidés à protester avec indignation contre la police des mœurs, au nom de la morale, de la dignité humaine, de la liberté individuelle (1).

J'en ai trop dit, mais j'espère qu'on me pardonnera si je me suis attardé un peu plus que de raison sur ce grave sujet. J'avais à cœur de ne cacher aucune des réflexions que m'a suggérées cette visite au Dépôt. Je souhaite qu'on ne me fasse pas un crime de ma franchise.

Je me résume d'un mot, sous le bénéfice des observations de détail qui précèdent. Le mal que nous avons constaté, c'est la confusion qui rè-

(1). Voici comment s'exprime M. Henry Boucher, député des Vosges, dans un rapport fait au nom de la Commission du Budget sur les Services Pénitentiaires (Janvier 1893). (M. Henry Boucher parle de Saint-Lazare : mais ce qu'il dit s'applique aussi justement au Dépôt) :

« Saint-Lazare est, en plein Paris moderne, le monument archéologique le plus curieux des mœurs de l'ancien régime, du *mépris profond de la femme*, et du bon plaisir en matière de liberté individuelle.

Nous avons encore réunies sous ce toit, comme au temps de Louis XIII, les femmes enlevées dans la rue pour cause de salubrité publique, les prévenues ou accusées, les condamnées de toute catégorie, les enfants en bas âge traînés en prison avec leurs mères ..

Il se commet dans cette maison un attentat de plus qu'au siècle dernier, où l'on n'y jetait pas, du moins arbitrairement des femmes dont la honte est réglementée par la police, qui ont obéi à ses prescriptions et qui ne sont coupables que de maladies.»

gne dans cette foule d'individus, hommes, femmes, enfants, qu'on amène là, à toute heure du jour et de la nuit ; c'est ce va-et-vient continuel, ces entrées, ces sorties pour les motifs les plus divers, qui rendent la tâche de l'Administration si difficile. La réforme, elle consisterait, à notre avis, dans la création de plusieurs Dépôts et dans une application judicieuse du régime cellulaire, dans chacun de ces établissements spéciaux. On éviterait ainsi la confusion et la promiscuité : le travail de l'Administration serait plus facile, et la morale y gagnerait.

Tel qu'il est, à l'heure actuelle, le Dépôt qui, dans notre système pénitentiaire, constitue la première étape du malfaiteur, est assurément la plus détestable prison que je connaisse. Ce n'en est pas moins, comme le disait M. Guillot, le lieu où l'on puisse le mieux étudier les bas-fonds de Paris, ses souffrances, ses misères morales.

J'aurai tout dit quand j'aurai ajouté que, dans des conditions aussi défectueuses, l'Administration fait des prodiges. Avec un personnel insuffisant, le Directeur réussit à faire fonctionner à merveille ce grand établissement dont il nous a fait les honneurs avec tant de bienveillance et de courtoisie.

A lui et à M. Henri Joly, l'organisateur des visites aux Prisons, nos plus sincères remercîments, au nom de la petite escouade des étudiants en droit *quorum pars fui*.

Paul **MEUNIER**.

Troyes — Imp. Paul BAGE, 5, Rue de la Trinité

www.ingramcontent.com/pod-product-compliance
Ingram Content Group UK Ltd.
Pitfield, Milton Keynes, MK11 3LW, UK
UKHW020539230726
13925UKWH00006B/2378